Seite	Inhaltsverzeichnis

1. Auflage im Dezember 1999

Autor: Rolf-Dieter Petzold

Alle Rechte, auch die des auszugsweisen Nachdrucks vorbehalten.

Herstellung: Libri Books on Demand
ISBN 3-89811-259-4

Vorwort

Gestern noch hielten mich
viele für nicht „dicht",
und siehe, ich bemühte mich
und wurde „Dichter"!

Ich warte auf das, was das Leben
mir noch abverlangen wird.

Bringt es Freude, Trauer, Glück,
oder zum Schluß nur Hoffnungslosigkeit?
Von allem gar - verkleidet -
in dem sich beginnenden „Alterskleid"?

Standhaft will ich dazu stehen
und selbst die Falten übersehen!

Nur Flecken möchte ich vermeiden,
auf meiner Weste.
Was mir im Leben wichtig scheint,
ist für mein Sterben auch das Beste.

- Bianka -

Ein Kind der Liebe warst Du nicht,
wohl eher ein's der Triebe.
Gezeugt, beäugt, für gut befunden,
mit allen Deinen ersten Pfunden.

Erst dann wurdest Du Liebe!

Als „Frischling" hier auf dieser Welt
noch alles in die Windel fällt.
Nun, dieses Problem ist überwunden,
es warten and're „nasse" Stunden
auf Dich - Bianka -
ich möcht' es näher nicht erwähnen,
schmeckt ziemlich salzig,
man nennt es Tränen!

„Flummi"

Einst fand ich einen Gummiball,
verliebte mich auch Knall auf Fall
in diesen süßen kleinen „Springer",
und doch glitt er mir durch die Finger.

Jetzt halt ich ihn mit beiden Händen,
denn nochmal darf es so nicht enden.

Denn inzwischen habe ich
meinen „Flummi" einfach zu lieb.

Und was kommt dann?

Des Menschen Recht zu leben,
darf keiner ihm verwähren.
Nur einer hält sich nicht daran,
das ist der „Tod"
und was kommt dann .... ?

Die Grundregeln einer

„guten"

Partnerschaft.

Nicht sagen was man denkt,
nicht geben wenn man schenkt,
nicht handeln wenn's tut not,
nicht warnen - vorsicht „rot".
Nur schweigen bis zum Schluß,
ob das so seien muß ! ?

Und die Moral von der Geschicht?
Wir passen wohl zusammen nicht!

Vergiß den Haß, der in Dir frißt,
sieh zu, daß Du ihn schnell vergißt.

Denn nur ein Mensch, der auch verzeiht,
hat sich der Menschheit angereiht.

Willst Du glücklich sein auf Erden,

komm' und halte meine Hand,

denn dann werd' ich Dich entführen,

in der Liebe Wunderland.

Sonnenstrahlen!

Die Sonnenstrahlen
umwärmen mein Gesicht,
was ich früher nie gekannt.

Trostlos und kalt war es ohne Dich,
doch heute halt' ich Deine Hand.

Laß' mich nie wieder frieren
und die Sonne verlieren.

Und ziehen Wolken auf und
verdecken das Sonnenlicht,

dann will ich hoffen und warten,
aber verzagen nicht.

Der Arbeitnehmer und sein Chef,
sie haben's beide schwer.

Der eine meint, er zahlt zuviel,
der and're schreit nach mehr.

Ein Kind war ich nochmal im Traum.
Ich halt' mich fest am Kittelsaum,
von Mutter - die schon lange tot.

Ein Kind zu sein, fern aller Not,
ein Kind zu sein mit Mutterliebe,
was gäb' ich drum, wenn es so bliebe.

Man sollte einer Frau immer
zeigen, daß sie geliebt wird.

Sonst besteht die Gefahr,
daß sie welkt wie eine Blume,
die nicht gepflegt wird.

Ein guter Wein braucht Sonnenschein,

dann wachsen schwere Trauben.

Ich brauch' Dein liebend Herz allein,

sonst werd' ich es mir rauben.

Selbstbetrug!

Mein Partner ist der Alkohol,
ich bleibe ihm auf ewig treu.
Fühle mich mit ihm so pudelwohl,
verliebe mich täglich neu.
Er hält mich fest in seinem Bann,
dem ich mich nicht entziehen kann.
Läßt alles um mich schnell vergessen,
wer ich einst war,
was ich geliebt,
selbst meine Ängste,
die nüchtern ich besessen.
Er macht mich frei, mein Kopf ist leer,
ich habe keine Sorgen mehr.

Mein Partner ist der Alkohol,
das wirst Du jetzt verstehen,
und da Du stets dagegen warst,
da mußtest Du halt gehen.

Wer nachempfindet, so wie ich,
dem sag' ich dann: „Ich liebe Dich".
Doch muß er alles akzeptieren,
sonst würde er mich schnell verlieren.

Mein Partner bleibt der Alkohol,
egal wie andere darüber denken!
Ich lasse mich vertrauensvoll
von meinem Partner lenken.

Wer kennt das Glück
von dem man spricht?
Ein jeder hätt' es gern besessen.

Wer kennt das Leid?
Ich weiß es nicht,
ein jeder möcht' es schnell vergessen.

Ich sitz' hier unter'm Apfelbaum

und wollt' g'rad an 'nem Apfel kau'n.

Da fiel mir einer auf die Stirne.

Nun hab' ich nur 'ne weiche Birne!

Seine Frau ist das

Aushängeschild

des Mannes.

Doppelleben gibt es eben!
Ach, er führt 'ne brave Ehe,
aber nachts dann wehe, wehe...
Hauptbahnhof, Männerstrich,
heute Nacht da brauch' ich Dich.

Hallo Kleiner, schöner Junge,
Süßer, zeig' mir nicht die Zunge,
zeig' mir Deine Manneskraft.
100 Mark hab' ich gedacht.
Hauptbahnhof, Männerstrich,
heute Nacht da brauch' ich Dich.

Laß uns auf das Klo dort geh'n,
denn ich habe einen steh'n!
Bitte komm, sei lieb zu mir,
bekommst auch 100 Mark dafür.
Hauptbahnhof, Männerstrich,
heute Nacht da brauch' ich Dich.

Keiner darf es von mir wissen;
tarnen, täuschen und verpissen,
und keiner weiß, wie ich mich sehne
nach 'nem Kerl zwischen die „Behne".
Hauptbahnhof, Männerstrich,
heute Nacht da brauch' ich Dich.

Danke Schatz, es war sehr schön,
bißchen eng vielleicht im Steh'n.
Muß jetzt aber wieder geh'n,
meine Frau macht sich sonst Sorgen.
Hier, Dein Geld, vielleicht bis morgen.
Hauptbahnhof, Männerstrich,
heute Nacht da braucht ich Dich!

Die Welt in der wir leben

ist wie ein Karussell.

Mal dreht es sich zu langsam,

mal dreht es sich zu schnell.

Es friert mich ohne Dich,
mir ist so kalt,
ich bin allein.

Sag' liebst Du mich ...
nur mich?
Komm ... ,
komm bald.

Ich will nur Dich,
schließ mich in
Deinem Herzen ein.

Es heißt, das Geld liegt auf der Straße,
ich glaub', nur noch in kleinem Maße.

Sagt doch der Umweltschutz,
wo man auch hinschaut,
dort liegt Schmutz.

Was meine Börse wohl enthält?
Ist das noch Geld,
darf ich noch hoffen?

Die Frage laß' ich lieber offen.

Liebe, Haß und Leidenschaft

in einem Zug getrunken,

der Kelch ist noch nicht ganz geleert,

bist Du im Moor versunken!

Mein bester Freund will von mir gehen,
ich kann es einfach nicht verstehen.
Und doch, er muß sich von mir trennen,
denn seine Zeit ist ausgelebt.
Auch wenn vor Schmerz die Augen brennen,
die Lebensuhr nicht stille steht.

Mein bester Kumpel auf vier Beinen,
wie lange werd' ich um Dich weinen?
Bin leider nur ein Mensch, ein Zweibeiner,
hätte ich vier, genau wie Du,
wäre mein Gewissen reiner!

Du bleibst in meinem Herzen,
so lange ich lebe,
aber wenn ich einmal sterbe,
und dies werde ich auch einmal müssen,
dann werden wir uns wiedertreffen
und freudig begrüßen!

Der Bund der Ehe, wie ich ihn sehe!

Bis daß der Tod Euch scheidet,
doch oftmals vorher das Gericht.
Wie sehr der „and're" darunter leidet
fällt dabei nicht mehr in's Gewicht.

Zwischen Himmel und Erde

Gar sonderbar sind manche Dinge,
wir können diese nicht versteh'n.

Der eine legt sich selbst die Schlinge,
doch für ihn muß ein and'rer geh'n.

Ich fühle mich wie schales Bier
und wie benutztes Klopapier.

Wie saure Drops und kalte Füße,
ob dieses sich bald ändern ließe?

Ich fühl' mich auch wie letzte Nacht,
wo laufend ich an Dich gedacht.

Würd' gerne wieder mit Dir lachen,
mich gut versteh'n und nicht verkrachen.

Ein Mann ohne Ziel

ist wie ein Schiff

ohne Steuerrad.

Trauer, Leid und schöne Stunden,
wie eng ist dieses doch verbunden.
Doch bläst uns der Ostwind in's Gesicht,
da fürchten Du und ich uns nicht.

Selbst Blitze und auch Donnergrollen,
was uns hat auch noch trennen wollen,
muß tatenlos vondannen weichen,
da wir uns fest die Hände reichen.

Kein Sturm ab heut'

wird uns mehr trennen.

Der Herrgott soll den Zeitpunkt nennen.

Wir haben uns gefunden!

Manch einer der sich fühlt gelehrt,

der hat sich dann wohl doch geirrt.

Geleert war stets nur die Karaffe,

gefüllt war er, - der Affe - !

Liebst Du ein Mädchen,

dann bleib' dabei,

liebst Du es nicht,

dann nehme zwei.

Mein Herz, es wollte zu Dir fliegen
und sich in Deinen Armen wiegen.

Wollte mein Leben mit Dir bestreiten,
in guten wie in schlechten Zeiten.

In jungen wie auch in alten Jahren,
mit Glatze oder grauen Haaren.

Stattdessen brichst Du jetzt mein Herz,
was übrig bleibt, ist nur noch Schmerz!

Lieber einmal die Woche

den Alkohol kippen,

als 7 Tage nur daran nippen!

Ein Mann, der den Raffinessen
einer Frau unterliegt,
kann nichts dafür.

Eine Frau, die dem Mann unterliegt,
hat selber Schuld.

Ist es nicht komisch?

Je besser es mir geht,
umso schlechter fühle ich mich.

Je öfter ich mich wasche,
desto schmutziger komme ich mir vor.

Je nüchterner ich denke,
umso betrunkener bin ich!

Wäre ich ein Maler,
liebte ich Farben.

Wäre ich ein Boxer,
bestimmt auch die Narben.

Wäre ich ein Bäcker,
wohl auch das Brot.

Wäre ich ein Henker,
vielleicht auch den Tod.

Wäre ich ein Playboy,
auf sicher das Leben.

All dies' trifft nicht zu,
so trinke ich eben!

Ich gehe nie, bevor es

mir gekommen ist,

aber wenn es mir kam,

wußte ich nie, worum es mir ging!

Was vorne rein,
kommt hinten raus,
so schaut's normalerweise aus.

Der Schwule sieht dies wohl nicht ein.
Er schiebt sich's hinten gar hinein
und glaubt, völlig normal zu sein.

Mir ginge dieses auf den „Stuhl",
drum werde ich bestimmt nicht schwul.

Die Ehe hängt oft unerkannt
nur noch an einem Seidenband.

Und ist das Bändchen dann zerrissen,
so fühlt man sich ganz schön besch.....!

Einen Sommer lang glaubte ich,

es wäre Liebe!

Doch heute weiß ich, es war nur

ein zufälliges Zusammenfinden

zweier, nach Hilfe suchender,

einsamer, kranker Seelen!

Mein Herz es schlägt auch ohne Dich,
wenn auch nicht ganz so rund.
Ich hatte Dich aufrichtig lieb,
Du mich nur mit dem Mund.

Im Traume stehst Du oft vor mir,
hälst zärtlich meine Hand,
und was Du sagst, ich glaub' es Dir,
doch nicht so mein Verstand!

Hab' Dank für all die schönen Stunden,
die Du mit mir geteilt.
Und hab' ich auch noch tiefe Wunden,
so sind sie bald verheilt.

Was bleibt sind Narben - sicherlich -
doch sie erinnern mich an Dich.

In jeder Kreatur tickt eine Lebensuhr:

Die eine, sie schlägt 100 Jahre.

Da stellt sich dann gleichwohl die Frage,

warum die andere nur für Tage?

Lieber eine Taube im Bett

als eine Taube auf dem Dach!

Welch Tier schwimmt dort in meinem Wein?
Trieb es vielleicht der Durst hinein,
oder die Neugier seines Lebens?
Auf jeden Fall war es vergebens.
Egal der Grund,
den kann getrost es jetzt vergessen,

ein Leben hatte es besessen!
Schöpf es aus meinem Glase raus
und trinke es genußvoll aus.

Und die Moral von diesem Gedicht:
Es schafft bis heute kein Insekt,
mir zu verderben, was mir schmeckt.

Ein Fels auf dieser Erde
war einst ein Kieselstein.

Er wuchs - und auch ich werde
irgendwann erwachsen sein!

Das Glück ist eine leichte Dirne,

es weilt nicht gern am selben Ort.

Und wenn Du glaubst, es hat Dich gerne,

ist es schon morgen wieder fort!

Fühl' mich zu Dir stark hingezogen.
Bist immer sehr gut angezogen.
Seh' Dich auch gerne ausgezogen.

Nun findest Du mich ungezogen,
oder durch den Kakao gezogen?

Ich hab' Dich lieb, ist nicht gelogen!

Lieber im Leben sich erbrechen,

als am Leben zerbrechen!

Ich liebe Dich wie Apfelmus,
wie Himbeereis mit Sahne,
wenn ich in Deiner Nähe bin,
dann riech' ich Deine Fahne.

Ich liebe auch Dein volles Haar,
was matt und brüchig schimmert,
und wenn Du Deine Kippe quälst,
die Lunge hörbar wimmert.

Ich liebe Dich, so wie Du bist,
auch Deine Tränensäcke,
und wenn Du dies gelesen hast,
dann machst Du mich zur Schnecke!

Die Vergangenheit

läßt sich nicht einholen,

aber leider

auch nicht auslöschen!

Spürst Du den Regen in Deinem Gesicht?
Er sagt Dir ganz sanft:

„Vergiß mich nicht!"

Spürst Du den Wind,
der Dir streichelt durch's Haar?
Er flüstert Dir zu:

„Ich bin für Dich da!"

Spürst Du die Wärme,
die Dich soll erreichen?
Decke Dich damit zu,

Dein Frösteln wird weichen!

Die Sonne bräunt,

oder verbrennt,

wenn man den Zeitpunkt

hat verpennt!

Ich liebe Dich von ganzem Herzen,
mit Haut und Haar und Magenschmerzen.

Du machst mich traurig und wieder froh –
wie sonst kein anderer, einfach so!

Möcht' nur noch meine Hand Dir reichen
und die Vergangenheit durchstreichen.

Mein Leben ehrlich mit Dir teilen,
doch sollten wir uns jetzt beeilen!

Würd' auch für Dich
durch Scherben laufen,

könnt' dafür ich Dein Herz mir kaufen!

Die Schnecke streckte ihre Fühler
und merkt, es wird jetzt wieder kühler.

Schimpft sie:

Jetzt will ich keine Schnecke sein,

in mein Haus paßt kein Ofen rein!

Die Sonne, sie schien nur für mich.

Und doch,

die Wärme hab' ich nicht gespürt.

Jetzt, wo der Frost sich zu mir schlich,

da stell' ich fest, mich friert.

Wenn man seine Sorgen essen könnte,
würde man billig satt werden.

Wenn man aber

nur seine Freuden essen sollte,
müßte man verhungern.

Nun ja, man sagt ich sei ein Trinker!

Ich hab' nur Ärger mit der Alten
und ihr täglich Meckern satt,
daß ich das Saufen hab' zu lassen,
längst finde ich mich damit ab.

Nun ja, man sagt ich sei ein Trinker,
wer ich früher war? . . . . Egal!
Und ich will nicht mehr nach Hause,
sag' ich ein für allemal.

Fast jeden Abend kaltes Essen,
da klärt so mancher Mann schon ab,
und dann mach' ich mir ein Bier auf,
denn ich bin noch lang' nicht schlapp.

Nur meine Alte denkt da anders,
denn ihr Bett bleibt nur noch kalt.
Längst hat sie es aufgegeben:
Hoffentlich oh kommt er bald!

Und so häng' ich in der Kneipe
trinke abermals ein Bier,
kann die Flaschen nicht mehr zählen
und das Sprechen fällt mir schwer.

Und wenn es heißt, nun bitte zahlen,
denn auch der Wirt will in die Falle,
ja dann fang' ich an zu zetern,
denn mein Bier ist noch nicht alle.

Und da man sagt, ich sei ein Trinker,
deshalb soll es auch so sein.
Was hab' ich schon zu verlieren,
frag' ich mich tagaus, tagein.

Auf der Arbeit stets nur Ärger
und zu Hause meine Frau
und sie macht genauso weiter
und nur deshalb bin in blau.

Warum muß sie immer streiten?
Damit treibt sie mich hinaus.
Warum kann sie mir nicht helfen,
wann ist meine Ehe aus?

Trotzdem liebe ich das Leben,
das Bier, ... selbst meine Frau.
Ich sag's und zahl' die Zeche,
denn ich bin schon wieder blau.

Nun ja, man sagt ich sei ein Trinker,
wer ich früher war? .... Egal!
Und ich will nicht mehr nach Hause,
sag' ich ein für allemal.

Eine hübsche Frau zu besitzen wäre gut,

eine häusliche Frau zu besitzen

wäre vernünftiger.

Beides vereint, wäre am besten.

Mein Herz ist so schwer und ich irre umher
ohne Ziel, denn ich suche Dich.

Mein Weg ist noch weit, doch ich bin bereit,
noch weiter zu zieh'n, denn ich suche Dich.

Ich geb' es nicht auf und ich baue darauf,
ich werde Dich finden, denn ich suche Dich.

Wenn Liebe entgleist . . . .

Mein lieber Walter,
„Vater", Freund und Wegbegleiter.
Was Du getan, „mußtest" Du tun!
Greifst seit Renates Tod zur Himmelsleiter
und hattest keine Zeit,
Dich aus - zu - ruhen !
Keine Kraft mehr, zu verstehen,
Deinen Lebensweg zu sehen.
Der Nebel schwand, wenn wir uns trafen,
doch darf man sich nicht Lügen strafen.

Gehe Deinen Weg der vorbestimmt,
selbst wenn es Dir das Leben nimmt,
aber vergreife Dich nicht an dem Anderer!

30. 8. 98